Einsterns Schwester

3

LOLA

Themenheft 1

Sprachgebrauch und Sprache
untersuchen und reflektieren

Herausgegeben von
Roland Bauer, Jutta Maurach

Erarbeitet von
Andrea Koch, Schrobenhausen

Auf der Grundlage der Ausgabe von
Annette Rothfuß

Cornelsen

Inhaltsverzeichnis

Ich bin Lola
und ich helfe dir.

So kannst du mit den Heften arbeiten

Du machst alle
Seiten der Lernportion 1 ⭐⭐⭐:

zuerst im grünen Heft,	dann im roten Heft,	dann im gelben Heft	und dann im blauen Heft.
	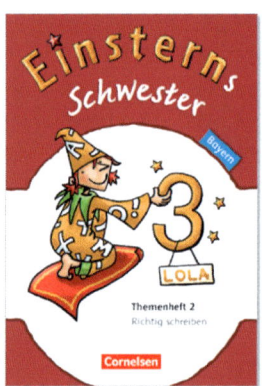	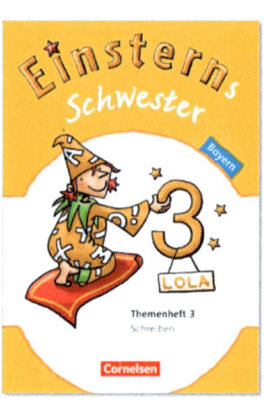	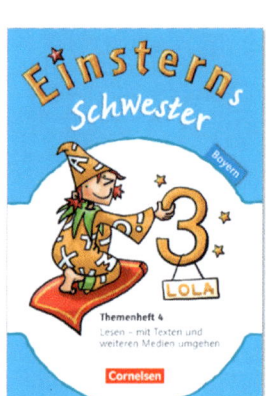

Danach machst du in
allen Heften die Lernportion 2 ⭐⭐⭐.

Nun machst du in
allen Heften die Lernportion 3 ⭐⭐⭐.

Genauso bearbeitest du
alle anderen Lernportionen.

1 Nomen für Menschen und Dinge ordnen

Ein Wort, das einen Menschen, ein Tier oder eine Sache bezeichnet, nennt man **Nomen.** Nomen werden großgeschrieben.
Sie werden von **Artikeln** begleitet.
Der Artikel bestimmt das **Geschlecht** des Nomens.
- **bestimmte Artikel:** der (männlich), die (weiblich), das (neutral),
- **unbestimmte Artikel:** ein (männlich, neutral), eine (weiblich).

1 Ordne die Nomen in einer Tabelle den beiden Gruppen Menschen und Dinge zu.

| die Eisverkäuferin | die Sonne | das Baby |

| der Strandkorb | der Mann | das Meer |

| der Fischer | die Sonnenbrille | der Opa |

| die Wolke |

| der Kapitän |

| die Oma |

| die Sandburg |

| der Taucher |

| die Zeitung |

| die Frau |

Heft 1 Seite 5 Aufgaben 1 + 2

Menschen	Dinge
die Eisverkäuferin	die Sonne
...	

2 Umkreise die Wörter mit ihren Artikeln von **1** je nach Geschlecht:
weiblich = (rot), männlich = (blau), neutral = (grün).

3 Finde weitere Nomen zum Thema Urlaub. Ergänze die Tabelle.
Denke an die Artikel. Ein Wörterbuch kann dir helfen.

1 Nomen für Tiere und Pflanzen ordnen

1 Finde im Text alle Nomen für **Tiere** und **Pflanzen**.
Trage sie mit ihren bestimmten Artikeln
in eine Tabelle ein. Umkreise das Geschlecht
wie in **2** auf Seite 5.

Heft 1 Seite 6 Aufgaben 1 + 2

Tiere	Pflanzen
die Maus	das Moos
...	...

ÜBERALL IM WALD FINDEST DU LEBEN.

TIEF IN DER ERDE GRABEN MAUS UND DACHS

IHRE TUNNEL. AUCH AUF DEM WALDBODEN

ZWISCHEN MOOS UND SAUERKLEE

SIND SIE ZU FINDEN. DU KANNST IGEL,

SCHNECKE UND SPINNE ENTDECKEN.

DER SCHMETTERLING FLIEGT ÜBER

GRAS UND FARN. ES WACHSEN EICHE,

BUCHE UND KIEFER. SIE SIND

DIE HEIMAT VON WALDKAUZ,

BUCHFINK UND KUCKUCK.

2 Ergänze in der Tabelle von **1** weitere Waldpflanzen oder Waldtiere.
Das Bild und ein Wörterbuch können dir helfen.

  3

der Pilz

Bestimmte und unbestimmte Artikel gebrauchen

1 Lege mit Stiften nach.

| alle Stifte | der Stift |

| die meisten Stifte |

| mein Stift | ein Stift |

| viele Stifte |

die meisten Stifte

2 Erklärt gemeinsam den Unterschied.

| alle … | mein, meine … | der, die, das … | ein, eine … | viele … |

3 Ergänze die Sätze mit den vorgegebenen Wörtern
und schreibe sie auf.
Unterstreiche alle bestimmten Artikel <u>rot</u>
und alle unbestimmten Artikel <u>grün</u>.

Heft 1 Seite 7 Aufgaben 3 + 4
Die Lehrerin liest eine
Geschichte vor. …

| das Geldstück | das Lied | eine Geschichte |

| ein Geldstück | ein Lied | die Geschichte |

Die Lehrerin liest   vor.   ist spannend.

Auf dem Boden liegt   . Lisa gibt   der Lehrerin.

Wir singen   . Tim gefällt   .

4 Schreibe selbst zwei Sätze nach dem Muster von **3** .

5 Schreibe auf, welche Aufgaben dir heute besonders Spaß gemacht haben.
Versuche auch zu erklären, warum.

1 Bestimmte und unbestimmte Artikel untersuchen

1 Zähle auf, was du dir wünschst.

Flugzeug   Trinkflasche   Puzzle

Puppe   Buch   Ball

Spiel   Haarspange

Karten   Flummi

Ich wünsche mir ein Flugzeug.

Welches Flugzeug wünschst du dir?

Ich wünsche mir das blaue Flugzeug.

2 Erkläre einem Partnerkind, wann du den bestimmten und wann du den unbestimmten Artikel verwendest.

3 Überlegt euch in der Gruppe einen Merksatz, wann ihr den bestimmten und unbestimmten Artikel gebraucht. Schreibt ihn auf.

4 Lies die Sätze mit einem Partnerkind. Schreibt auf, was mit dem unbestimmten Artikel in der Mehrzahl passiert.

Heft 1 Seite 8 Aufgabe 4
In der Mehrzahl …

An der Ecke steht eine Frau.   –   An der Ecke stehen Frauen.

Neben der Frau steht ein Kind.   –   Neben den Frauen stehen Kinder.

Das Kind trägt einen Koffer.   –   Die Kinder tragen Koffer.

1 Nomen in Einzahl und Mehrzahl bilden

1 Sammelt Nomen zu Tieren in verschiedenen Sprachen und Dialekten.

Auf Spanisch hört sich „Gans" ähnlich an: ganso.

Auf Bairisch heißt das „Oachkatzl".

bird 🇬🇧
Vogel 🇩🇪
uccello 🇮🇹

Im Deutschen schreiben wir Nomen groß. In anderen Sprachen ist das anders.

Ich frage meine Freundin Nilay, was „Maus" auf Türkisch heißt.

2 Schreibe diese Wörter mit ihren Artikeln in der Einzahl und in der Mehrzahl auf. Markiere alle Buchstaben, die sich in der Mehrzahl verändern.

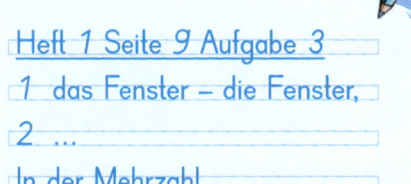

Heft 1 Seite 9 Aufgabe 2
die Gans – die Gänse, ...

die Gans	die Maus	der Vogel

die Laus	der Fuchs	der Storch	...

3 Schreibe Einzahl und Mehrzahl mit dem richtigen Artikel auf. Überlege mit einem Partnerkind, was sich jetzt in der Mehrzahl verändert. Schreibe einen Satz dazu auf.

Heft 1 Seite 9 Aufgabe 3
1 das Fenster – die Fenster,
2 ...
In der Mehrzahl ...

 1
 2
 3
 4
 5

1 Besondere Nomen untersuchen

1 Ordne jedem Bild das passende Nomen zu.
Schreibe die Nomen mit Artikel auf.

Heft 1 Seite 10 Aufgabe 1
1 die Freude, 2 ...

Neugier	Freude	Wut	Schreck	Angst

2 Schreibe die fünf Nomen für Gefühle aus dem Text
mit Artikel in dein Heft.

Heft 1 Seite 10 Aufgabe 2
die Angst, ...

Elena hat am Sportfest Angst, dass sie zu
langsam läuft. Aber sie ist zum Glück sehr
schnell. Voller Stolz nimmt sie ihren Preis entgegen. Alexander klatscht
nicht. Die Wut und der Ärger stehen ihm ins Gesicht geschrieben. Schade!

 3 Vergleiche deine Lösung von **2** mit der Lösung
eines Partnerkindes. Schreibt weitere Nomen
für Gefühle oder Dinge mit Artikel auf, die ihr nicht
anfassen oder sehen könnt.

Heft 1 Seite 10 Aufgabe 3
die Hoffnung,
der Friede, ...

 4 Überlegt in der Gruppe, welche Regeln
bei den angegebenen Nomen passen.
Schreibt diese Sätze einmal auf.

Heft 1 Seite 10 Aufgabe 4
...

Ruhe	Alter	Dummheit	Entfernung

- Ich kann einen Artikel vor die Wörter setzen.
- Ich kann immer die Mehrzahl bilden.
- Es handelt sich nicht um Menschen, Tiere oder Dinge.
- Es sind Namen wie Philipp, Erkan oder Clara.
- Ich kann sie nicht anfassen.

 5 Zu welcher Wortart gehören Gefühle? Wie schreibt ihr sie?
Schreibt einen passenden Merksatz.

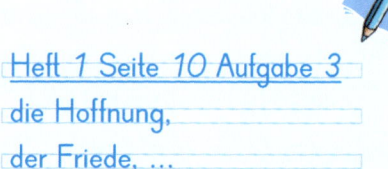

Oberbegriffe verwenden

1 Alle Dinge müssen in die richtigen Kisten.
Schreibe die Nomen mit Artikel auf.
Überprüfe mit einem Wörterbuch.

Heft 1 Seite 11 Aufgabe 1
Spielsachen:
das Flugzeug, ...
Kleidung:
die Hose, ...
Schreib- und Bastelmaterial:
das Papier, ...

Für Dinge, die
zusammengehören, gibt es
einen Oberbegriff.

2 Finde zusammen mit einem Partnerkind
Oberbegriffe für die Wörter.

Heft 1 Seite 11 Aufgabe 2
1 Möbel, 2 ...

1 Tisch, Schrank, Bett, Lampe

2 Apfel, Orange, Ananas, Banane

3 Eiche, Rose, Tulpe, Buche

4 Hammer, Säge, Bohrer, Axt

5 Roller, Auto, Bus, Lastwagen

6 Tasse, Teller, Müslischale, Eierbecher

3

Mäppchen,
Heft, Lineal

Schulsachen

1 Pronomen kennen lernen

> Die Wörter ich, du, er, sie, es, wir, ihr und sie sind **Pronomen.**
> Pronomen stehen anstelle (lateinisch: pro) von Nomen:
> Der **Flummi** ist rund. **Er** ist rund.

1 Ersetze die unterstrichenen Nomen durch Pronomen.
Schreibe die Sätze in dein Heft.

Heft 1 Seite 12 Aufgabe 1
Er geht in ...

Der Mann geht in den Garten.

Die Frau wandert zu einem See.

Das Kind fährt mit Rollschuhen.

Die Männer gehen in den Garten.

Die Frauen wandern zu einem See.

Die Kinder fahren mit Rollschuhen.

 2 Suche dir ein Partnerkind. Vergleicht eure Ergebnisse und besprecht gemeinsam, was euch an den Sätzen in der Mehrzahl auffällt.

 3 Suche dir mit deinem Partnerkind weitere Kinder. Besprecht und schreibt auf, welche Pronomen die einzelnen bestimmten Artikel ersetzen.

Einzahl: der → ☐ , die → ☐ , das → ☐

Mehrzahl: ☐ → ☐

4

1 Pronomen richtig zuordnen

1 Ergänze die Pronomen in Gedanken.
Schreibe den Text. Dein Partnerkind überprüft,
ob du die richtigen Pronomen gewählt hast.

Heft 1 Seite 13 Aufgabe 1
Das ist Linus. Er ...

| sie | er | sie | wir | es |

Das ist Linus. ⬜ hat den Urlaub bei seiner Oma verbracht.

⬜ ist mit Linus in den Zoo gegangen. ⬜ haben die Tiere beobachtet.

Linus hat es sehr gut gefallen. „⬜ sollten das öfter machen",

hat er gesagt. Auf dem Rückweg haben Oma und Linus noch

ein Eis gegessen. ⬜ hat prima geschmeckt.

2 Lies den Text. Ergänze die Pronomen
in Gedanken. Schreibe die Nomen und
Pronomen als Paare ins Heft.

Heft 1 Seite 13 Aufgabe 2
das Wort – es,
der Zoo – ...

Das Wort Zoo bedeutet „Tier".

⬜ ist die Kurzform für zoologischer Garten.

Der Zoo ist meistens eine große Anlage.

⬜ dient zur Haltung verschiedener Tierarten.

Warst du schon einmal im Augsburger Zoo?

Über 300 Tierarten mit etwa 1 500 Tieren beherbergt ⬜.

In den verschiedenen Hallen und Anlagen leben viele Tiere.

Das ganze Jahr über können ⬜ besucht werden.

Besonders beliebt ist die Freianlage der Elefanten.

⬜ besitzt einen Swimmingpool für die Dickhäuter.

Den Augsburger Zoo gibt es schon seit über 75 Jahren.

Im Jahr hat ⬜ mehr als eine halbe Million Besucher.

2 Passende Verben finden

1 Finde ein Partnerkind und schreibt gemeinsam auf, was ihr über Verben wisst.

2 Schreibe auf, was die Kinder in der Pause tun. Unterstreiche die Verben.

| über den Hof | Tischtennis | Gummitwist |

| Obst | Seil | Ball | auf der Mauer |

Heft 1 Seite 14 Aufgabe 2
über den Hof gehen, ...

3 Schreibe zu jedem Ort die drei passenden Verben und finde eigene.

im Klassenzimmer   **in der Turnhalle**

im Musiksaal

Heft 1 Seite 14 Aufgabe 3
im Klassenzimmer: lesen, ...
in der Turnhalle: ...
im Musiksaal: ...

| lesen | turnen | fangen | singen |

| trommeln | schreiben | rennen | klatschen | basteln | ... |

4

2 Passende Verbformen finden

Mit Verben drückst du aus, was jemand tut oder was geschieht.

Verben stehen im **Wörterbuch** in der **Grundform**: gehen

Die Grundform hat am Ende immer ein **-n,** häufig ein **-en.**

In **Texten** stehen die Verben oft in der **Personalform**: sie geht.

Die Endung des Verbs zeigt, wer etwas tut:

Einzahl: ich gehe, du gehst, er/sie/es geht

Mehrzahl: wir gehen, ihr geht, sie gehen.

---

1 Was tut Julia? Schreibe die Verben
in der Personalform und ihrer Grundform
in eine Tabelle.

Sie geht in die Klasse 3b.

Sie tanzt Ballett.

Sie spielt Geige.

Heft 1 Seite 15 Aufgabe 1

Personalform	Grundform
sie geht	gehen
...	

2 Vergleiche dein Ergebnis von **1** mit dem eines Partnerkindes.
Erkläre, wie du vorgegangen bist.

3 Schreibe das Verb **kommen** in der Grundform
und in allen Personalformen auf.
Unterstreiche die Endungen.

ihr kommt   er, sie, es kommt

du kommst   sie kommen

ich komme   wir kommen

Heft 1 Seite 15 Aufgabe 3

Grundform: kommen

Einzahl	Mehrzahl
ich komme	wir kommen
du kommst	...
...	

4 Schreibe wie in **3** das Verb **hören** in allen Personalformen auf.

2. Verben in der Grundform sortieren

1 Setze die Verben in die Grundform.
Ordne sie in einer Tabelle
und unterstreiche die Endungen.

| duscht | fährst | bremst | taucht |

| abtrocknet | hupst | schwimmt |

Heft 1 Seite 16 Aufgabe 1

Im Schwimmbad:	Auf der Straße:
schwimmen	...

2 Schreibe passende Verben zu den Bildern auf.
Finde weitere Verben zum Thema **Spielplatz**.

Heft 1 Seite 16 Aufgabe 2

1 schaukeln, 2 ...

1    2    3

4    5    6    7

3 Finde ein Partnerkind. Vergleicht eure Lösungen von **2**.

4

in der Küche

essen, trinken, abtrocknen

5 Schreibe auf, was du heute
zum Spaß getan hast.
Benutze die Verben in
der Grundform.

Lerntagebuch

Heft 1 Seite 16 Aufgabe 5

Das habe ich heute
zum Spaß getan: ...

2. Verben in Personalformen setzen

1 Schreibe zur Grundform alle Personalformen mit den Pronomen auf.

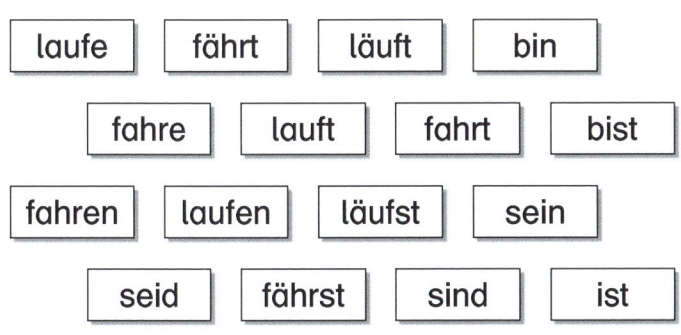

laufe	fährt	läuft	bin
fahre	lauft	fahrt	bist
fahren	laufen	läufst	sein
seid	fährst	sind	ist

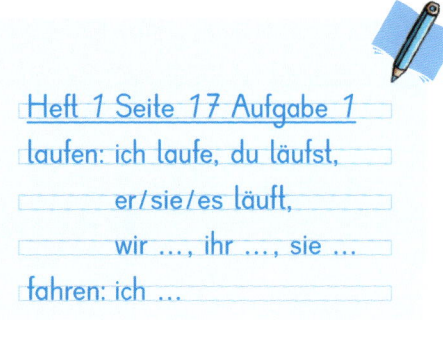

Heft 1 Seite 17 Aufgabe 1
laufen: ich laufe, du läufst,
er/sie/es läuft,
wir ..., ihr ..., sie ...
fahren: ich ...

2 Schreibe den Text ab und setze die richtigen Verbformen ein.

Heft 1 Seite 17 Aufgabe 2
Die Klasse 3b läuft heute ...

Mit dem Förster im Wald

Die Klasse 3b ___ (laufen) heute mit dem Förster durch den Wald. Maxi ___ (sehen) gleich zu Beginn ein Reh durch die Bäume huschen. Plötzlich ___ (bleiben) es stehen. Alle Kinder ___ (sein) ganz still und schauen dem Reh zu, wie es kleine Zweige ___ (fressen).

Bei manchen Verben verändert sich der Wortstamm.

3

er wäscht

2 Personalformen finden

1 Schreibe die Pronomen mit den richtigen Personalformen.

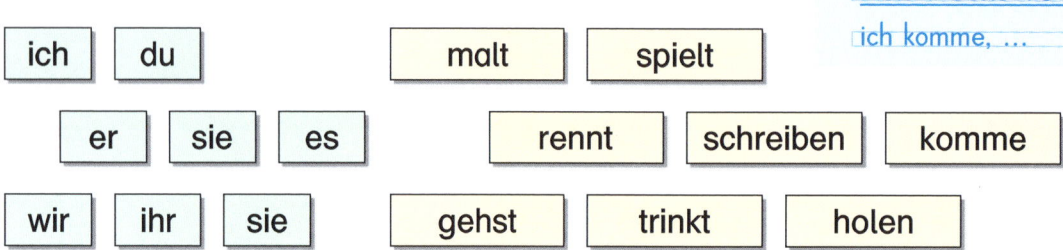

ich	du

malt	spielt

er	sie	es

rennt	schreiben	komme

wir	ihr	sie

gehst	trinkt	holen

Heft 1 Seite 18 Aufgabe 1
ich komme, ...

2 Wähle ein Spiel aus. Schreibe den Text ab. Setze die Verben in der richtigen Form ein.

Heft 1 Seite 18 Aufgabe 2
a) Jeder Spieler faltet seine Hände ...

Zwei Spiele für Regenpausen

a) Jeder Spieler ___ seine Hände und ___ mit seinen Armen einen Ring, der zu seinen Füßen ___ . Alle Mitspieler ___ auf ein Zeichen durch ihren Armring, ohne dass sie die Hände ___ . Wer das ___ , ___ das Ganze rückwärts.

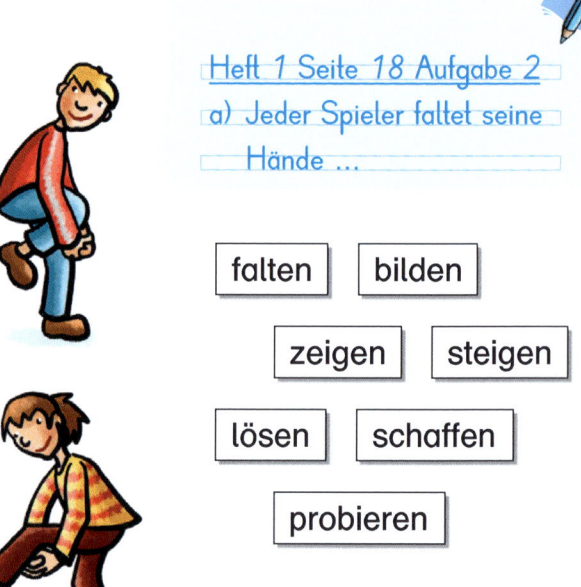

falten	bilden

zeigen	steigen

lösen	schaffen

probieren

b) Ein Spielpartner ___ seine Hände und ___ die Finger. Er ___ die Hände nach oben, sodass er seine Finger ___ . Zwei Kinder ___ abwechselnd auf einen Finger. Der Spielpartner ___ , diesen zu ___ . Das Spiel ___ nicht, wenn jemand die Finger ___ .

zeigen	sehen

bewegen

berühren	kreuzen

funktionieren

drehen	falten

versuchen

2 Wortstamm und Endung erkennen

Verben haben einen **Wortstamm** und eine **Endung**.
Der Wortstamm bleibt meist gleich oder ändert sich nur leicht:

bilden – du **bild**est, er **bild**et
fahren – ich **fahr**e, du **fähr**st, er **fähr**t

Alle Wörter mit dem gleichen Wortstamm bilden zusammen
eine **Wortfamilie**:

Bild, **bild**lich, ab**bild**en, **Bild**ung, wir **bild**en, du **bild**est, …
Fahrt, **Fähr**te, ab**fahr**en, du um**fähr**st, …

1 Immer drei Verbformen gehören zusammen.
Schreibe sie auf.
Unterstreiche den Wortstamm.

Heft 1 Seite 19 Aufgabe 1
malen – ich male – er malt
…

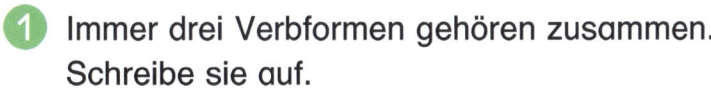

malen	sie träumt	singen
ich gehe	er geht	er baut
gehen	er malt	sie singt
ich träume	ich singe	ich baue
träumen	bauen	ich male

 2

2. Wortstämme zuordnen und Wortfamilien bilden

1 Schreibe zu jedem Wortstamm
die passenden Wörter.

geh	seh

Gehweg	sehen	Gehstock
ansehen	weggehen	gehen
Sehtest	Fernseher	…

Heft 1 Seite 20 Aufgabe 1
geh: Gehweg, …
…

2 Schreibe mit einem Partnerkind Wortfamilien
zu den Wortstämmen.

find
end
lad

Wortstämme helfen mir,
richtig zu schreiben, denn den Wortstamm schreibe ich immer gleich:
fliegen, Fliege …

Heft 1 Seite 20 Aufgabe 2
find: finden, …
…

3 Schreibe die Wörter und unterstreiche
den Wortstamm. Finde eigene Wörter
zu den Wortstämmen.

1 reden, Gerede, zureden, bereden, Rede

2 Bedeutung, deutlich, Andeutung

3 Glück, glücklich, Unglück, beglückt

Heft 1 Seite 20 Aufgabe 3
1 reden, …
…
2 …

4 Schreibe auf, was du in dieser Lernportion bisher gelernt hast.
Überlege, ob dir die Aufgaben schwer oder leicht gefallen sind.

2 Verben mit Vorsilben zusammensetzen

Die **Vorsilben** ab-, auf-, aus-, be-, ein-, ver-, vor- kannst du
vor Verben stellen. Vorsilben verändern die Bedeutung von Verben:
schreiben: **auf**schreiben, **ver**schreiben.

1 Schreibe auf, was Murat tut.
Unterstreiche die Vorsilbe.

auf- ab- schreiben	vor- ver- tragen	ein- ver- schenken	ein- aus- gießen

2 Erkläre einem Partnerkind die unterschiedliche Bedeutung
der beiden in Aufgabe **1** jeweils möglichen Wörter.

3 Bilde mindestens acht sinnvolle Verben
mit passenden Vorsilben.

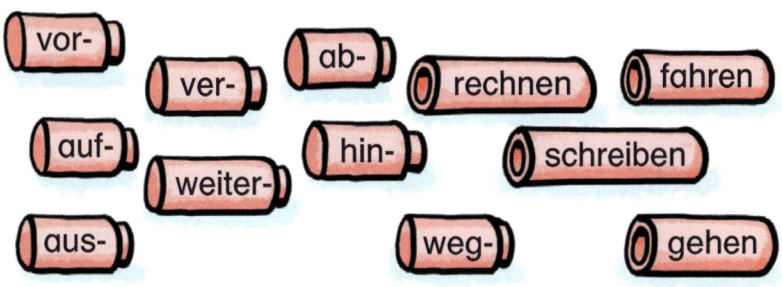

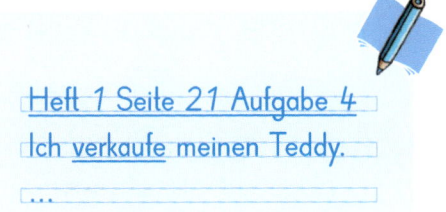

4 Bilde selbst mindestens drei
weitere Verben mit Vorsilben.
Schreibe mit ihnen Sätze.

Heft 1 Seite 21 Aufgabe 1
1 abschreiben, 2 ...

Heft 1 Seite 21 Aufgabe 3
vorrechnen, ...

Heft 1 Seite 21 Aufgabe 4
Ich verkaufe meinen Teddy.
...

2. Verben nach Wortfeldern ordnen

> Wörter mit ähnlicher Bedeutung bilden ein **Wortfeld**.
> Wortfeld sprechen: murmeln, flüstern, sagen, schreien ...

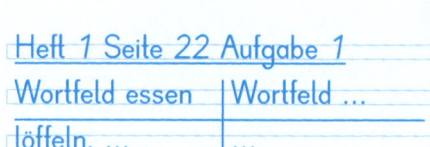

1 Ordne die Verben nach Wortfeldern.

a) Finde alle Verben zum Wortfeld **essen**.
Schreibe sie auf.

löffeln ✪ verspeisen ✪ gucken ✪
entdecken ✪ mampfen ✪ betrachten ✪
schlingen ✪ naschen ✪ glotzen ✪
probieren ✪ beobachten ✪ besichtigen ✪
schlürfen ✪ schauen

Heft 1 Seite 22 Aufgabe 1

Wortfeld essen	Wortfeld ...
löffeln, ...	...

b) Überlege, zu welchem Wortfeld die anderen Verben gehören.

c) Schreibe das zweite Wortfeld auch in dein Heft.

2 Ordne mit einem Partnerkind
die Wörter des Wortfelds **gehen**
schriftlich in deinem Heft.

langsam gehen   **schnell gehen**

Heft 1 Seite 22 Aufgabe 2
langsam gehen: schlendern, ...
schnell gehen: rennen, ...

schlendern | laufen | kriechen | humpeln | spazieren | flitzen

marschieren | schleichen | rennen | trödeln | bummeln | wandern

3 Findet in der Gruppe weitere Verben zum
Wortfeld **gehen**.
Spielt euch gegenseitig die genauere Bedeutung
der Wörter aus dem Wortfeld vor.
Erratet, welches Wort aus dem Wortfeld gemeint ist.

Heft 1 Seite 22 Aufgabe 3
Wortfeld „gehen": rasen, ...

4 Klärt in der Gruppe den Unterschied zwischen
einem **Wortfeld** und einer **Wortfamilie**.

3 Zeitformen von Verben kennen lernen

> **Die Zeitformen von Verben** zeigen, wann etwas im Moment geschieht oder schon geschehen ist:
> - in der **Gegenwart** (= jetzt): Antonia **spielt** Klavier.
> - oder in der **1. Vergangenheit** (= früher): Luis **spielte** Geige.

1 Ergänze die Verben. Schreibe die Verben in Gegenwart und 1. Vergangenheit auf. Überlege dir ein eigenes Beispiel.

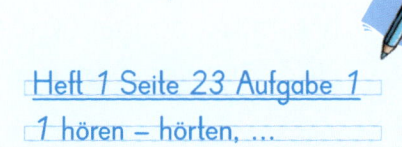

Heft 1 Seite 23 Aufgabe 1
1 hören – hörten, ...

| hören | fahren | wuschen | dürfen |

| fuhren | hörten | waschen | durften |

1 Heute ___ die meisten Menschen Musik mit MP3-Playern an.

Früher ___ viele Menschen Musik auf Schallplatten.

2 Heute ___ alle Kinder in die Schule gehen.

Früher ___ oft nur die Jungen in die Schule gehen.

3 Heute ___ die Menschen mit dem Auto.

Früher ___ die Menschen mit Kutsche und Pferd.

4 Heute ___ die Menschen ihre Wäsche mit der Waschmaschine.

Früher ___ die Menschen ihre Wäsche von Hand.

2 Finde ein Partnerkind. Vergleicht eure Lösungen von **1**.

3 Du kannst an den Sätzen erkennen, ob es früher stattgefunden hat oder jetzt passiert. Besprecht euch und schreibt auf, woran ihr es erkennt.

| Ich kletterte auf einen Baum. | | Ich klettere auf einen Baum. |

3. Zeitformen von Verben üben

> Bei manchen Verben verändert sich
> in der 1. Vergangenheit der Wortstamm:
> wir sehen – wir sahen.

1 Immer drei Verbformen gehören zusammen.
Schreibe sie in einer Tabelle auf und
unterstreiche den Wortstamm.
Umkreise veränderte Wortstämme.

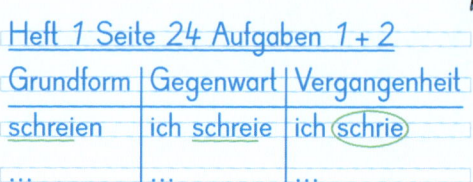

Heft 1 Seite 24 Aufgaben 1 + 2

Grundform	Gegenwart	Vergangenheit
schreien	ich schreie	ich schrie
...	...	...

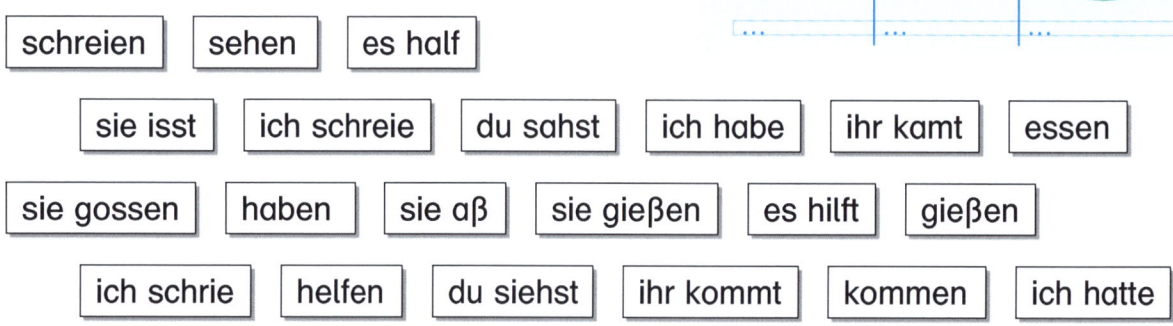

schreien	sehen	es half
sie isst	ich schreie	du sahst	ich habe	ihr kamt	essen
sie gossen	haben	sie aß	sie gießen	es hilft	gießen
ich schrie	helfen	du siehst	ihr kommt	kommen	ich hatte

2 Vergleiche deine Lösung von **1** mit der eines Partnerkindes.
Findet weitere Verben, bei denen sich der Wortstamm verändert.

3 Setze die Abzählverse in die Gegenwartsform.
Lies sie einem anderen Kind vor.

> Da war eine feine Dame,
> die kratzte sich am Arme,
> die kratzte sich am Po,
> such du den Floh!

> Eine kleine Dickmadam
> fuhr mit einer Eisenbahn.
> Eisenbahn, die krachte,
> Dickmadam, die lachte.
> Fiel zum Wagen raus –
> und DU bist aus.

4 Schreibe auf, was du gestern in der Schule besonders schön fandest.
Versuche, in der 1. Vergangenheit zu schreiben.

3 Gegenwart und 1. Vergangenheit von Verben bilden

1 Bilde mit den Verben die 1. Vergangenheit.
Verwende das Pronomen **ich**.

besuchen	erzählen	lachen

bringen	sagen	zeigen

siegen	schütten	machen

Heft 1 Seite 25 Aufgabe 1
besuchen – ich besuchte, …

2 Schreibe die Verben mit den Pronomen auf.
Ergänze die Grundform.

Heft 1 Seite 25 Aufgabe 2
es gab – geben,
sie arbeiteten – …

Damals und heute

Früher gab es für die Arbeit kaum Maschinen.

Die Menschen arbeiteten zusammen.

Sie mussten beim Hausbau alle anpacken.

Die ganze Familie und auch die Nachbarn

halfen mit. Es gab noch keinen Kran, der

die Materialien transportierte. Die Zimmerleute

zogen die Balken von Hand auf das Dach.

Die Bauern spannten den Pflug hinter

das Pferd oder den Ochsen. Sie schnitten

das reife Getreide mit einer Sense.

Die Bäuerin melkte die Kühe von Hand.

Sie knetete Teig mit der Hand,

um Brot zu backen.

1 Schreibe den Text ab und setze die Verben
in der 1. Vergangenheit ein.

Heft 1 Seite 26 Aufgabe 1
Früher trugen die Jungen kurze
Hosen. ...

Schule früher

Früher ___ die Jungen kurze Hosen.
_{tragen}

Und das ___ nicht nur im Sommer so. Im Winter ___ sie dazu
_{sein} _{ziehen}

dicke Strümpfe an und ___ sich auf den Weg in die Schule.
_{machen}

Die Mädchen ___ mit Kleidern in die Schule.
_{gehen}

Oft ___ sie noch eine Schürze darüber.
_{binden}

In der Schule ___ Mädchen und Jungen oft getrennt.
_{sitzen}

Wenn jemand nicht ___ , ___ er vom Lehrer mit einem Stock
_{folgen} _{bekommen}

Schläge auf die Hände. Das ___ man Tatzen.
_{nennen}

Im Sommer ___ viele Kinder barfuß, um die Schuhe
_{laufen}

für den Winter zu schonen.

2 Schreibe mindestens sechs Formen in
der 1. Vergangenheit mit einem passenden
Pronomen auf. Ergänze die Grundform.

Heft 1 Seite 26 Aufgabe 2

Vergangenheit	Grundform
er wusste	wissen
sie ...	

wusste	stand	fragte	war	saß

hatte	sagte	trank	las	ging

glaubte	blieb	fuhr	aß	ließ	kratzte	bekam	half	lag

3

4 Mit Adjektiven beschreiben

Adjektive sagen, wie etwas ist:
nass, rund, lang, stark.
Adjektive schreibe ich klein.

Mit Adjektiven kann man ganz genau beschreiben.

1 Erfinde gemeinsam mit anderen Kindern ein Tierrätsel.
Jedes Kind beschreibt ein Tier mit zwei Adjektiven.
Das Rätsel ist schwerer, wenn du als Erstes ein Adjektiv wählst,
das auf mehrere Tiere zutrifft, z. B. **gestreift**.

Das Fell ist gestreift.

Tiger

Zebra

weiß	schwer
scheu	grau
gestreift	gefährlich
stark	schnell	…

2 Wähle gemeinsam mit anderen Kindern einen Tiernamen aus.
Findet zu jedem Buchstaben ein Adjektiv,
das zu dem Tier passt. Gestaltet ein Plakat.

Hund	Katze	Hase
Uhu	Maus	Hamster

HUND
ungezogen
niedlich
dünn

KATZE
anschmiegsam
treu
zimperlich
eigensinnig

4 Gegensatzpaare finden

1 Schreibe aus jeder Wörterschlange
Adjektivpaare, die das Gegenteil ausdrücken.

Heft 1 Seite 28 Aufgabe 1
Wörterschlange 1: leise – laut, ...
Wörterschlange 2: teuer – ...

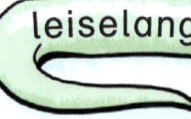

leiselangsamdummgesundlautreichklugschnellkrankdünnarmdick
Wörterschlange 1

teuergroßneuweichhellbillighartaltkleintraurigdunkelfröhlich
Wörterschlange 2

2 Suche das Gegenteil.
Schreibe die Wortpaare auf.
Schreibe auch eigene Sätze.

Heft 1 Seite 28 Aufgabe 2
leicht – schwer, ...

Was leicht ist, ist nicht   .

Was hart ist, ist nicht   .

Was voll ist, ist nicht   .

Was warm ist, ist nicht   .

Was groß ist, ist nicht   .

Wer arm ist, ist nicht   .

Wer jung ist, ist nicht   .

Was schmutzig ist, ist nicht   .

3 Wähle ein Kind aus deiner Klasse.
Beschreibe es, wie es **nicht** ist.
Lass andere Kinder raten.

Der Junge ist **nicht** groß.
Die Haare sind **nicht** glatt und **nicht**
lang. Die Hose ist **nicht** lang.

4 Adjektive anpassen

mein schicker Hut

1 Finde passende Adjektive zu den Nomen. Du kannst die Adjektive mehrfach verwenden oder eigene finden.

Heft 1 Seite 29 Aufgabe 1
die schicken Schuhe, ...

| schick | günstig | lecker | dick | leistungsfähig |

| modern | stabil | weiß | duftend | schnell | reduziert |

| Schuhe | Milch | Motorrad | Saft | Tennisschläger | Farbe |

| Schokoküsse | Computer | Zahnpasta | Shampoo | Marmelade |

 2 Setze passende Adjektive in der richtigen Form in die Lücken. Schreibe die Sätze auf und unterstreiche das Adjektiv. Vergleiche deine Lösung mit der eines Partnerkindes.

Heft 1 Seite 29 Aufgabe 2
Ein kleiner Hund bellt laut.
...

Ein ___ Hund bellt laut.

Die ___ Sonne strahlt hell.

Die ___ Kinder spielen draußen.

Das ___ Gras wird gemäht.

Die ___ Maus huscht davon.

  3

Da verändert sich was: ein spitzer Stein.

?

Adjektive vor Nomen
der: Der Stein ist spitz. – ein ...
das: Das Buch ist dick. – ein ...
die:

4 Adjektive mit -ig bilden

1 Bilde zu jedem Nomen aus der Wörterschlange ein Adjektiv mit der Nachsilbe -ig. Schreibe die Wortpaare auf. Finde eigene Beispiele.

> Aus vielen Nomen kannst du Adjektive mit -ig bilden.

Heft 1 Seite 30 Aufgabe 1
die Luft – luftig, …

> Achtung: Adjektive schreibst du klein!

LUFTSCHATTENGIFTSONNETRAUERBISSHUNGERWITZDURST

2 Bilde Adjektive mit der Nachsilbe -ig und setze sie passend ein.

Heft 1 Seite 30 Aufgabe 2
ein trauriger Mensch, …

ein   Mensch   [Trauer]

ein   Glas   [Schmutz]

ein   Tag   [Wind]

ein   Weg   [Schatten]   eine   Maus   [Hunger]

ein   Himmel   [Nebel]   eine   Frau   [Ruhe]

ein   Pilz   [Gift]   eine   Straße   [Stein]

 **3**

4 Schreibe auf, wie du dich in den letzten Tagen gefühlt hast. Benutze Adjektive.

4 Mit Adjektiven vergleichen

Mit Adjektiven kann man Menschen, Tiere, Pflanzen oder Dinge **vergleichen**. Dafür benutzt du **Vergleichsstufen**.

In der **Grundform** verwendet man **wie**.

In der **1. Vergleichsstufe** verwendet man **als**.

In der **2. Vergleichsstufe** verwendet man **am** oder **der**, **die**, **das**.

Beispiel: Jan ist so **schnell wie** sein Freund Lukas.　　**Grundform**

Batol ist **schneller als** Marie.　　**1. Vergleichsstufe**

Tobias ist **am schnellsten**. /　　**2. Vergleichsstufe**

Tobias ist **der schnellste**.

1 Schreibe die Vergleiche in dein Heft.

schnell

groß

hoch

winzig

Heft 1 Seite 31 Aufgaben 1 + 2
Das Motorrad ist schneller
als das Fahrrad.
Die Zitrone ist ...
...

2 Finde mit einem Partnerkind selbst Vergleiche.
Vergleicht zwei Pflanzen, zwei Tiere, zwei Dinge oder zwei Menschen.

3 Schreibe die Vergleichsstufen und Grundformen in dein Heft. Unterstreiche das Adjektiv.

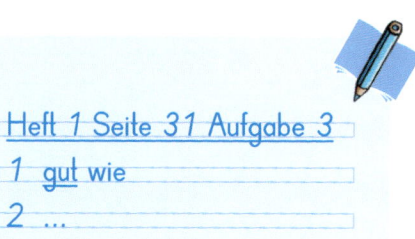

Heft 1 Seite 31 Aufgabe 3
1 gut wie
2 ...

1 Mein Fußball ist so gut ☐ der von Raphael.

2 Bens Fahrrad ist größer ☐ das von Tim.

3 Schokolade schmeckt mir besser ☐ Spinat.

4 Mein Vater ist älter ☐ der von Tina.

5 Sport macht mir genauso viel Spaß ☐ Mathe.

4 Adjektive mit -ig und -lich verwenden

1 Lies den Text einem Partnerkind vor. Setze dabei **-ig** und **-lich** richtig ein.

Wenn du Adjektive mit -ig und -lich steigerst, kannst du die Endungen besser hören: lustig – lustiger.

Am Nordpol

Professor Gerneklug und sein Assistent Moritz machten Station am Nordpol. Als sie morgens ihr Lager verlassen wollten, stand ein schreck☆ großer Eisbär davor. Gemüt☆ kam der Bär auf sie zugetrottet. Sie wussten, Eisbären sind sehr angriffslust☆, wenn sie hungr☆ sind. Moritz begann bitter☆ zu weinen. Auch dem Professor war das Ganze sehr unheim☆. Wir sind verloren, dachte er. Doch der Bär schnüffelte nur neugier☆ am Zelt und trottete dann fried☆ weiter. Das ist gerade noch einmal gut gegangen!

2 **-ig** oder **-lich**? Schreibe die Wörter geordnet in eine Tabelle. Finde selbst Wörter.

| schwier- | hungr- | nütz- | flüss- | biss- |

| glück- | traur- | freund- | richt- | fett- |

| schmutz- | gefähr- | empfind- | sonn- | ängst- |

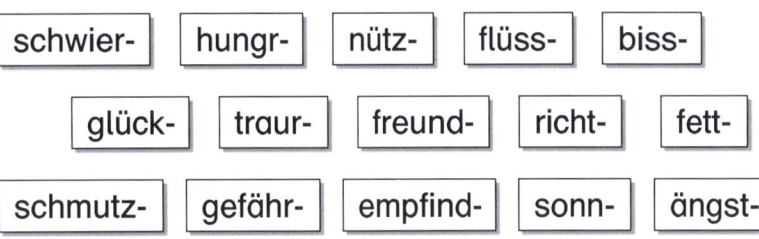

Heft 1 Seite 32 Aufgabe 2

-ig	-lich
schwierig	nützlich
...	...

3 Wähle jeweils vier Adjektive mit **-ig** oder **-lich** aus und bilde mit ihnen Sätze. Schreibe sie auf.

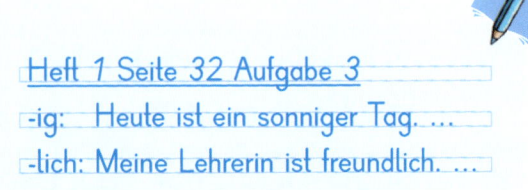

Heft 1 Seite 32 Aufgabe 3

-ig: Heute ist ein sonniger Tag. ...
-lich: Meine Lehrerin ist freundlich. ...

5. Zusammengesetzte Nomen bilden

1 Finde die zusammengesetzten Nomen.
Schreibe sie auf. Unterstreiche den
großen Anfangsbuchstaben.

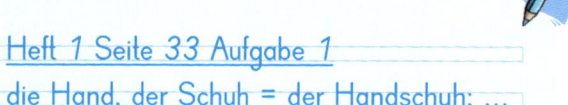
Heft 1 Seite 33 Aufgabe 1
die Hand, der Schuh = der Handschuh; ...

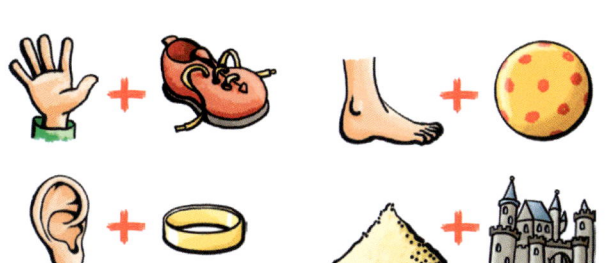

2 Bilde aus den Bildern und Wörtern Nomen mit **Feuer**.
Ordne sie den Bildern zu. Schreibe sie auf.

Heft 1 Seite 33 Aufgabe 2
1 das Feuerzeug, ...

der Melder · die Leiter · das Zeug · das Werk · der Löscher

3 Bearbeite die Aufgaben.

a) Bilde zusammengesetzte Nomen mit **Stadt**.
Schreibe sie mit Artikel auf.

Heft 1 Seite 33 Aufgabe 3
a) der Stadtteil, ...
b) die Haustür, ...

Teil · Mauer · Hafen · Tor · Zentrum

Mitte · Haupt · Turm · Heimat

Plan · Park · Rand · Halle

Heimatstadtplan?

b) Bilde eigene zusammengesetzte Nomen mit **Haus**.
Schreibe sie mit Artikel auf.

5 Nomen und Verben zusammensetzen

> Aus Verben und Nomen entstehen zusammengesetzte Nomen.
> Dabei verändern sich die Verben.
> Zusammengesetzte Nomen werden großgeschrieben:
> das Stinktier: stinken + das Tier.

1 Lies den Text. Finde mindestens sechs Nomen, die aus einem Verb und einem Nomen zusammengesetzt sind. Schreibe sie wie im Beispiel auf.

Heft 1 Seite 34 Aufgabe 1
die Schleichkatze:
schleichen + die Katze, ...

Die Klasse 3b war gestern im Zoo.

Lisa und Tim fanden die Schleichkatzen toll,

Alex und Serkan waren bei den Wanderratten und den Stinktieren.

Hanna und Nam haben einen Brüllaffen und einen Springbock gesehen.

Max erzählt von der Klapperschlange, die eine Springmaus gepackt hatte.

2 Finde zusammengesetzte Nomen.
Schreibe sie wie im Beispiel auf.

Heft 1 Seite 34 Aufgabe 2
schauen + das Bild =
das Schaubild, ...

| schauen | turnen | rollen | fahren |

| wühlen | hüpfen | schreiben |

3 Suche dir ein Partnerkind.
Denkt euch noch mehr zusammengesetzte Wörter aus. Der erste Wortteil soll ein Verb sein.

spielen

Spielplatz, Spielzeug, ...

5. Artikel zu zusammengesetzten Nomen untersuchen

1 Zu diesen Bildern kannst du jeweils
zwei zusammengesetzte Nomen finden.
Schreibe sie mit ihren Artikeln auf.

Heft 1 Seite 35 Aufgabe 1
der Haushund, das Hundehaus,
...

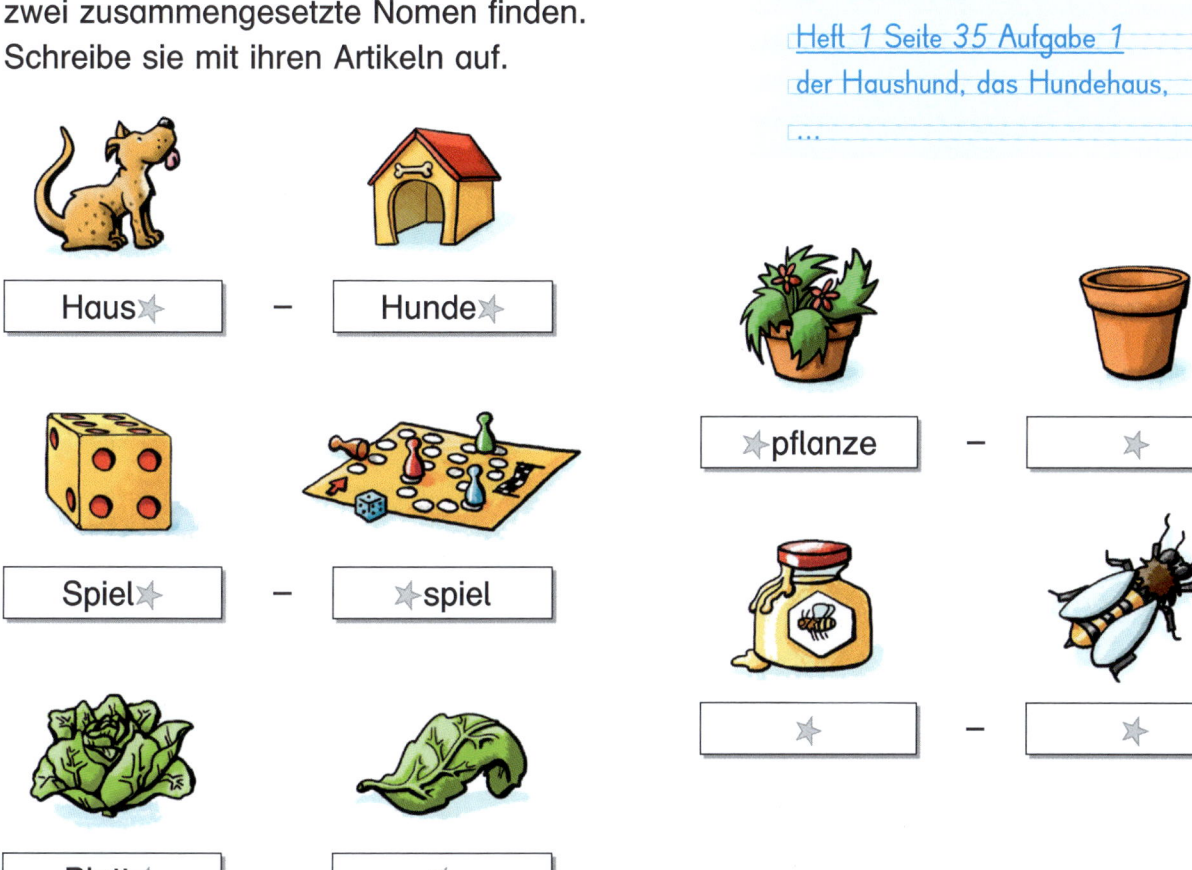

Haus ☆ — Hunde ☆

Spiel ☆ — ☆ spiel

Blatt ☆ — ☆

☆ pflanze — ☆

☆ — ☆

2 Unterstreiche bei Aufgabe **1**

a) <u>rot</u>: den Wortteil, der dir sagt,
um **was** es sich handelt (Grundwort),

b) <u>grün</u>: den Wortteil, der das Wort
genauer beschreibt (Bestimmungswort).

Heft 1 Seite 35 Aufgaben 1 + 2
der Haushund, das Hundehaus,
...

3 Besprich mit einem anderen Kind, nach welchem Teil des Wortes
sich der Artikel richtet.

4 Wonach richtet sich der Artikel
bei zusammengesetzten Wörtern?
Entwickelt in der Gruppe einen Merksatz.
Schreibt ihn auf.

5. Zusammengesetzte Nomen mit Fugen-s kennen

Manchmal steht ein **s als Verbindung** in zusammengesetzten Nomen: Geburtstag. Diese s-Verbindung wird **Fugen-s** genannt. Manchmal gibt es zwei Verbindungen: Geburtstagsfest.

1 Bilde zusammengesetzte Nomen mit Artikel: Suche zu einem Wort im ersten Paket das passende im zweiten. Schreibe auf. Markiere das Fugen-s und setze Silbenbögen.

Heft 1 Seite 36 Aufgabe 1
die Glückssträhne, …

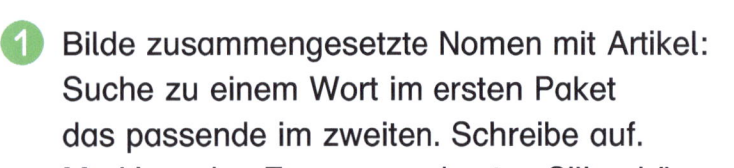

Glück Hochzeit	Karte Ersatz
Geburt Einladung	Zettel Strähne
Schaden Unterricht	Gäste Stunde
Schaf Einkauf	Käse Tag

Das Fugen-s steht immer am Ende einer Silbe.

2 Suche dir ein Partnerkind. Bildet aus den Beschreibungen zusammengesetzte Wörter. Schreibt sie auf.

Heft 1 Seite 36 Aufgabe 2
1 das Frühstücksei,
2 …

1 ein Ei zum Frühstück

2 eine Taube als Zeichen für den Frieden

3 ein Schild im Verkehr

4 eine Uhr mit einem kleinen Kuckuck

3 Denke dir selbst ein Rätsel zu einem zusammengesetzten Nomen mit Fugen-s aus. Schreibe es auf eine Karteikarte. Notiere auf der Rückseite die Lösung. Legt eine Rätsel-Kartei an.

5 Adjektive zusammensetzen

> Verbindest du Nomen oder Verben mit Adjektiven,
> entstehen **zusammengesetzte Adjektive**.
> Die Zusammensetzung verstärkt die Bedeutung
> des Adjektivs meist bildhaft.
> Zusammengesetzte Adjektive findest du oft
> in der Umgangssprache oder in der Werbung:
> potthässlich, blitzgescheit, riesengroß, pflegeleicht ...

1 Schreibe die zusammengesetzten Adjektive
in dein Heft. Erkläre ihre Bedeutung.

Heft 1 Seite 37 Aufgabe 1
schneeweiß: so weiß wie Schnee,
...

weiß · hart · grün

leicht · süß

rund · glatt · kalt

Zusammengesetzte
Adjektive schreibt man
immer klein.

2 Suche dir ein Partnerkind.
Lasse deine Rechtschreibung bei **1** überprüfen.

3 Bilde fünf zusammengesetzte Adjektive.
Schreibe sie auf.

pflegen · sauber · tropfen

leicht · kuscheln

nass · faul · blitzen · weich · schreiben

Heft 1 Seite 37 Aufgabe 3
pflegen + leicht = pflegeleicht
...

5. Zusammengesetzte Wörter erkennen

1 Trenne die zusammengesetzten Nomen.
Schreibe sie mit Artikel wie im Beispiel auf.

Singvogel   Spitzmaus

Wühlmaus   Brennnessel

Wildschwein   Springkraut

Grünspecht   Rothirsch

Heft 1 Seite 38 Aufgabe 1

Verb + Nomen	Adjektiv + Nomen
singen + der Vogel:	...
der Singvogel	
...	

2 Finde im Text mindestens
fünf zusammengesetzte Nomen und
fünf zusammengesetzte Adjektive
und schreibe sie in einer Tabelle auf.

Heft 1 Seite 38 Aufgabe 2

Nomen	Adjektive
Burgfestung	...
...	

Die Sage von der Burg Reußenstein

Der baumlange Riese Heim wollte eine Burgfestung bauen.

Da rief er mit ohrenbetäubender Stimme ins Tal:

„Wer von euch Zwergen will mir helfen eine Burg

zu bauen?" Es erschienen zahlreiche Handwerker

und nahmen die Arbeit freudig auf, denn

der steinreiche Riese versprach reichlichen Lohn.

Bald stand auf dem Felsgestein

eine riesengroße Burg.

Nur am winzigkleinen Klappfenster im haushohen

Aussichtsturm fehlte noch ein Nagel.

Der Riese versprach demjenigen, der den Nagel

einschlüge, besonders reichen Lohn.

Alles staunte, als ein todesmutiger Bursche

es wagte, den Eisennagel einzuschlagen.

Der großzügige Riese beschenkte den jungen Burschen reichlich.

6. Aussagesätze und Ausrufesätze erkennen

Es gibt verschiedene **Satzarten**.
Nach einem **Aussagesatz** steht ein **Punkt**:
Der Ball rollt über die Straße.
Nach einem **Ausruf** steht ein **Ausrufezeichen**:
Achtung, der Ball rollt über die Straße!
Beim Sprechen hebst du die Stimme, du rufst den Satz aus.

1 Schreibe die Aussagesätze und die passenden Ausrufe geordnet auf.
Ergänze die Ausrufe in b).

a) | Der Baum ist hoch. | Oh weh, ist das heiß hier! |

| Es ist sehr heiß. | Pfui, ist die Spinne groß! |

| Die Spinne ist groß. | Ist das aber ein hoher Baum! |

b) | Im Keller ist es kalt. | Juhu, … |

| Ich habe in Mathe eine Eins. | Wundervoll, der … |

| Der Garten ist voller Blumen. | Brrr, ist das … |

Heft 1 Seite 39
Aufgabe 1
a) Der Baum ist hoch. –
Ist das aber …

…
b) Im Keller ist es kalt. –
Brrr, ist das …

2 Lies die Sätze so vor, dass dein Partnerkind die Satzarten
durch deine Stimmführung erkennt. Denke bei jedem Satz
an den Punkt oder das Ausrufezeichen.

Ein Liter Eis ist leichter als ein Liter Wasser ⋆ Das kann doch nicht sein ⋆
Doch ⋆ Das Wasser dehnt sich aus, wenn es kälter wird ⋆ Eis schwimmt
im Wasser ⋆ Erstaunlich ⋆ Ja ⋆ Seen frieren im Winter von oben zu ⋆
Fische können unter dem Eis weiterleben ⋆

3 Überlegt und besprecht in der Gruppe, wann ihr etwas ausruft
und wann ihr einen Aussagesatz benutzt.

6. Aufforderungssätze bilden

Mit einem **Aufforderungssatz** will man erreichen, dass jemand etwas tut oder lässt. Nach einem Aufforderungssatz steht ein Punkt. Bei einer dringenden Aufforderung steht ein Ausrufezeichen:
Bitte bleib stehen. Du bleibst sofort stehen!

1 Lies die Sätze einem Partnerkind vor.
Entscheide, ob du einen Punkt oder ein Ausrufezeichen setzen willst.
Erkläre Deinem Partnerkind, welche Sätze höflich auffordern und welche dringend.

Komm sofort her	Bitte komm doch einmal her
Hilf mir doch	Helft euch gegenseitig
Wiederhole das bitte	Sag das noch einmal

2 Die Klasse 3b geht ins Museum.
Die Lehrerin erklärt ganz ruhig die Regeln.
Schreibe die Aufforderungssätze.

Nicht die Bilder anfassen

Immer zusammenbleiben

Im Museum nichts essen   Leise sein

Keine großen Taschen ins Museum mitnehmen

Bitte fasst im Museum keine Bilder an. Bleibt bitte …

Heft 1 Seite 40 Aufgabe 2
Bitte fasst im Museum …

3 Leider hören ein paar Kinder nicht auf die Regeln.
Schreibe mit den Regeln von **2** dringende Aufforderungssätze.

Heft 1 Seite 40 Aufgabe 3
Stopp! Fasst die Bilder nicht an! …

Stopp!
Fasst die Bilder nicht an!
Bleibt …

6 Fragesätze bilden

Am Ende einer **Frage** steht ein **Fragezeichen**: Wie alt bist du?

1 Schreibe die Fragesätze. Setze Fragezeichen am Satzende. Schreibe Satzanfänge groß.

Heft 1 Seite 41 Aufgabe 1
Was ist dein Lieblingstier? ...

was ist dein Lieblingstier wie alt bist du welche Bücher magst du was schaust du gerne im Fernsehen an wo möchtest du mal hinreisen welche Musik magst du

2 Ergänze bei den Fragen das Fragewort. Ordne jedem Fragesatz den passenden Antwortsatz zu. Schreibe Frage und Antwort auf.

Heft 1 Seite 41 Aufgabe 2
Wer kommt mit zum Spielplatz?
Ich komme mit. ...

| Wer | Wo | Was | Warum | Wie | Wohin |

    kommt mit zum Spielplatz?

    geht es dir?   ist meine Brille?   wollen wir machen?

    bist du nicht mitgekommen?   fahren wir in den Ferien?

| Ich komme mit. | Ich hatte einen Zahnarzttermin. | Wir können ein Spiel spielen. |

| Wir fahren an die Ostsee. | Danke, mir geht es gut. | Sie liegt auf dem Tisch. |

3 Sortiere die Fragesätze und Aussagesätze und schreibe sie auf. Setze das passende Satzzeichen am Satzende ein.

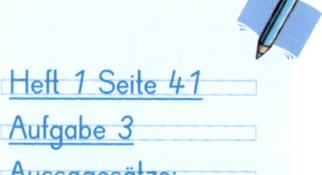

Ich gehe zum Ballett ✶   Kommst du heute zu mir ✶

Wo ist deine Tasche ✶   Wir gehen in die Turnhalle ✶

Magst du ein Eis ✶   Auf dem Tisch liegt ein Stift ✶

Heft 1 Seite 41
Aufgabe 3
Aussagesätze: ...
Fragesätze: ...

6 Über verschiedene Satzarten nachdenken

1 Suche dir ein Partnerkind.
Überlegt euch, welches Wort zu welchem Bild passt.
Erklärt einander die Bilder.

Fragesatz	Ausrufesatz

Aussagesatz

Probiere es aus!
Mach die Klangprobe!

2 Ordne die Bilder den Aussagesätzen zu. Schreibe auf.

1 — Ich glaub, ich spinne!

2 — Hallo! Ich komme!

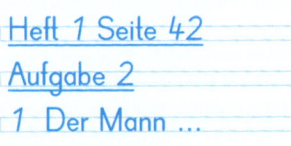

Heft 1 Seite 42
Aufgabe 2
1 Der Mann …
2 …

3 — Du musst aufräumen!

4 — Ach, bin ich froh!

Der Mann ist wütend.	Der Mann freut sich.

Der Mann ist weit weg.	Der Mann will etwas.

3 Besprecht euch in der Gruppe.
Schreibt auf, warum es unterschiedliche Satzarten gibt.

6 Satzarten mit Gebärden nachempfinden

1 Mit Gebärden kannst du Sätze bilden.
Wichtig ist dabei aber auch der Gesichtsausdruck. Schau genau hin.

   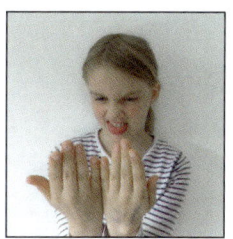

| Ich lese ein Buch. | | Ich lese ein tolles Buch! |

Ich lese ein
interessantes Buch.

Ich lese ein wirklich
schlechtes Buch!

2 Suche dir einen Satz von ① aus. Spiele ihn und lasse ihn
von einem Partnerkind erraten. Tauscht dann die Rollen.

3 Suche dir mit deinem Partnerkind weitere Kinder.
Spielt die Sätze nach. Achtet auf den Gesichtsausdruck.

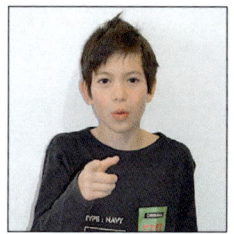 

| Du kommst zu mir. | Kommst du zu mir? | Komm zu mir! |

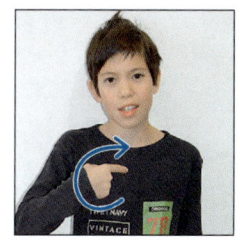  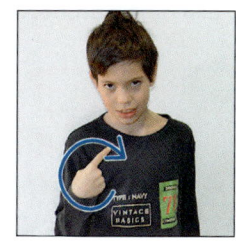

4 Bildet gemeinsam den Satz:
„Du kochst." jeweils als Aussage-,
Frage- und Aufforderungssatz.
Überlegt gemeinsam:
Wobei helfen Gesten?

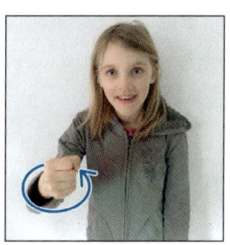

kochen

1 Schau dir das Bild an.

a) Was passiert?
Schreibe mindestens vier Aussagesätze.

b) Überlege, was auf dem Warnschild steht
und schreibe auf.

c) Was könnten die Leute sagen oder fragen?
Schreibe die Sätze auf.

Heft 1 Seite 44 Aufgabe 1
a) Aussagesätze:
 Ein Ball rollt auf die Straße.
 ...
b) ...

 **2**

7 Die wörtliche Rede kennen lernen

Was tatsächlich gesprochen wird, nennt man **wörtliche Rede**.
Zu Beginn der wörtlichen Rede stehen **Anführungszeichen** unten,
am Ende der wörtlichen Rede stehen sie oben.
„Ich verstehe das nicht."

1 Wähle einen Witz aus. „Übersetze" ihn
ins Hochdeutsche und schreibe ihn
mit Anführungszeichen in dein Heft.
Suche dir in deiner Klasse Hilfe,
wenn du etwas nicht verstehst.

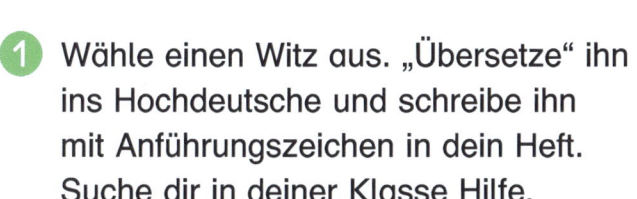

Heft 1 Seite 45 Aufgabe 1
Franzl: „Fräulein, kann ich ..."
...

Franzl: Fräulein, kann i für etwas bestraft wer'n,
des i gar ned g'macht hob?

Lehrerin: Naaa, Franzl, freilich ned.
Des war ja noch scheener!

Franzl: Des is guad, i hob nämlich
mei Hausaufgab net g'macht.

Kathi: Du Heidi, sog amoi, host du zu da Resl
g'sagt, dass i bläd bin?

Heidi: Ja, aber die hod's scho gwusst.

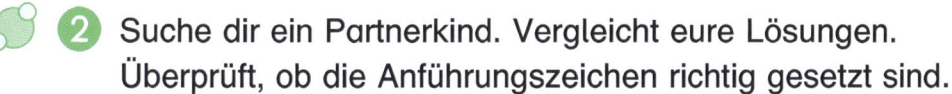

2 Suche dir ein Partnerkind. Vergleicht eure Lösungen.
Überprüft, ob die Anführungszeichen richtig gesetzt sind.

3 Suche dir mit deinem Partnerkind weitere Kinder.
Lest euch die Witze abwechselnd einmal in eurem Dialekt und auf Hochdeutsch vor.
Überlegt gemeinsam, ob die Witze auf Hochdeutsch oder
in eurem Dialekt lustiger klingen. Begründet eure Meinung.

7 Redebegleitsätze kennen lernen

Der **Redebegleitsatz** gibt an, **wer** spricht.
Steht der Redebegleitsatz am Satzanfang, folgt ein **Doppelpunkt**:
Marie ruft: „Das war ein Tor!"

1 Schreibe auf, wie der Hahn
in unterschiedlichen Ländern kräht.
Achte auf den Redebegleitsatz
und die Anführungszeichen.

Heft 1 Seite 46 Aufgabe 1
Der deutsche Hahn kräht: „Kikeriki!"
Der englische Hahn …

| Kock-a-dudeldu | Ko-ko-riko | Koke-kokooo | Bak bak-wagiiir |
| englisch | französisch | japanisch | arabisch |

2 Suche dir ein Partnerkind.
Nennt euch gegenseitig Tiere.
Schreibt den Tierlaut mit
einem Redebegleitsatz auf.

Heft 1 Seite 46 Aufgabe 2
Der Frosch quakt: „Quaak!" …

3 Suche dir mit deinem Partnerkind
weitere Kinder. Findet gemeinsam
Wörter in anderen Sprachen
zu bestimmten Themen.
Schreibt passende Redebegleitsätze auf.

Heft 1 Seite 46 Aufgabe 3
Ein deutsches Kind ruft: „Achtung!"
Ein englisches Kind ruft: „Attention!" …

Achtung!	Herzlichen Glückwunsch!	Guten Tag!
Attention!	Buon compleanno!	Bonjour!
…	…	…

7 Einen Redebegleitsatz verwenden

1 Schreibe jeden Ausruf als wörtliche Rede
mit Begleitsatz auf.
Verwende passende Verben für **sagen**.
Denke an die Anführungszeichen.

Heft 1 Seite 47 Aufgabe 1
Marie ruft: „Das war ein Tor!"
...

| rufen | meckern | protestieren | brüllen |

| schreien | schimpfen | meinen | bitten | jammern |

Das war
ein Tor!

Spiel zu
mir!

Foul,
du hast mich
gestoßen!

Jetzt
reicht's, gelbe
Karte!

Das
ist meine
Chance.

Weg da!

MARIE

Lisa

Niko

Lea

Mike

Uli

Mia

Tarek

He, das war
mein Ball!

Gib ab!

Aua, ich
wurde gefoult.

Max

Tim

Was ist
passiert?

2 Schreibe selbst mindestens drei wörtliche Reden
mit Redebegleitsatz zum Wortfeld **leise reden** auf.

Heft 1 Seite 47 Aufgabe 2
...

| flüstern | wispern | hauchen | ... |

7 Redebegleitsatz und wörtliche Rede erkennen

1 Schreibe den Text ab.
Unterstreiche jeweils die wörtliche Rede und
den Redebegleitsatz in zwei verschiedenen Farben.

Es treffen sich zwei Spatzen.

Fragt der eine: „Was sollen wir unternehmen?"

Darauf antwortet der andere: „Lass uns zum Bodensee fliegen."

Es fragt der Erste: „Wo treffen wir uns?"

Da meint sein Freund: „Auf der Eiche am Hafen."

Darauf sagt der Erste: „Gut, flieg schon mal voraus."

Der eine Spatz fliegt zum Treffpunkt. Endlich, nach drei Stunden,

trifft sein Freund ein. Er fragt: „Wo warst du so lange?"

Da meint der andere Spatz: „Ach, ich dachte,

bei dem schönen Wetter gehe ich zu Fuß."

2 Ordne jedem Begleitsatz die wörtliche Rede zu.
Schreibe auf.
Unterstreiche die Begleitsätze.

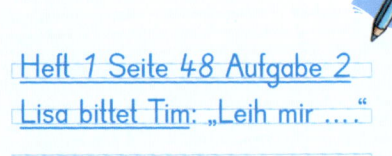

| Lisa bittet Tim: | „Lerne noch das Einmaleins." |

| Der Vater ermahnt Niko: | „Ich bin hingefallen!" |

| Der Lehrer fragt den Schüler: | „Leih mir bitte deinen Radiergummi." |

| Das kleine Kind weint: | „Hast du die Hausaufgaben gemacht?" |

3

Anna fragt Lea:
„Spielst du heute mit?"

Der Redebegleitsatz
heißt: Anna fragt Lea.

7 Wörtliche Rede schreiben

1 Denke dir für jede Sprechblase einen Begleitsatz aus.
Schreibe den Begleitsatz und die wörtliche Rede auf.
Setze die richtigen Zeichen.

Heft 1 Seite 49 Aufgabe 1
Mug fragt: „Was machen wir,
wenn wir cool sind, Leo?"
…

| stottern | flüstern | prahlen/angeben | erklären |

| fragen | sagen | sich erkundigen | … |

Mug und Leo: Ab heute sind wir cool

> Was machen wir,
> wenn wir cool sind, Leo?

> Wenn wir zwei Coole sind, dann
> schauen wir uns Filme an, für die wir
> eigentlich noch zu klein sind.

> Filme mit Monstern
> und Vampiren und so?

> Coole schauen nur Filme,
> bei denen ihnen das Blut
> in den Adern gefriert.

> Wa-, wa-, warum
> tun sie das?

> Weil ihnen dann vor Angst
> die Haare zu Berge stehen und das sieht
> so was von cool aus, Mann!

Susann Opel-Götz

2 Schreibe auf, wie das Gespräch
zwischen Leo und Mug
weitergehen könnte.
Besprecht euch in der Gruppe:
Was tun Coole noch?

Heft 1 Seite 49 Aufgabe 2
Leo sagt: „Wenn wir zwei
Coole sind, dann benehmen
wir uns ganz schlecht."
Mug fragt: „…

8. Mit Satzgliedern spielen

1 Schreibe gemeinsam mit anderen Kindern diese Wörter auf ein Blatt Papier. Jedes Kind nimmt ein Wort in die Hand.

1. Stellt euch so auf, dass ein sinnvoller Satz entsteht.
2. Stellt euch mit den Wortkarten um und bildet weitere sinnvolle Sätze. Merkt euch euren Nachbarn.
3. Überlegt: Welche Wörter bleiben beim Umstellen zusammen?
4. Kinder, die immer auf der gleichen Seite zusammenbleiben, haken sich ein.

| viel | dritten |
| in | wir |
| lernen |
| Klasse |
| Neues |
| der |

2 Würfle dreimal und schreibe jeweils das Wort aus der 1., 2. und 3. Spalte auf. Stelle den Satz einmal um. Wiederhole den Vorgang.

Heft 1 Seite 50 Aufgabe 2

· Der Hund	· klettert	· zum Strand.
·· Die Frau	·· springt	·· durch den Wald.
··· Der Mann	··· hüpft	··· auf dem Feld.
:: Das Kind	:: schleicht	:: zum Krankenhaus.
·:· Die Oma	·:· wandert	·:· ins Bett.
::: Der Opa	::: humpelt	::: rückwärts.

8 Satzglieder umstellen

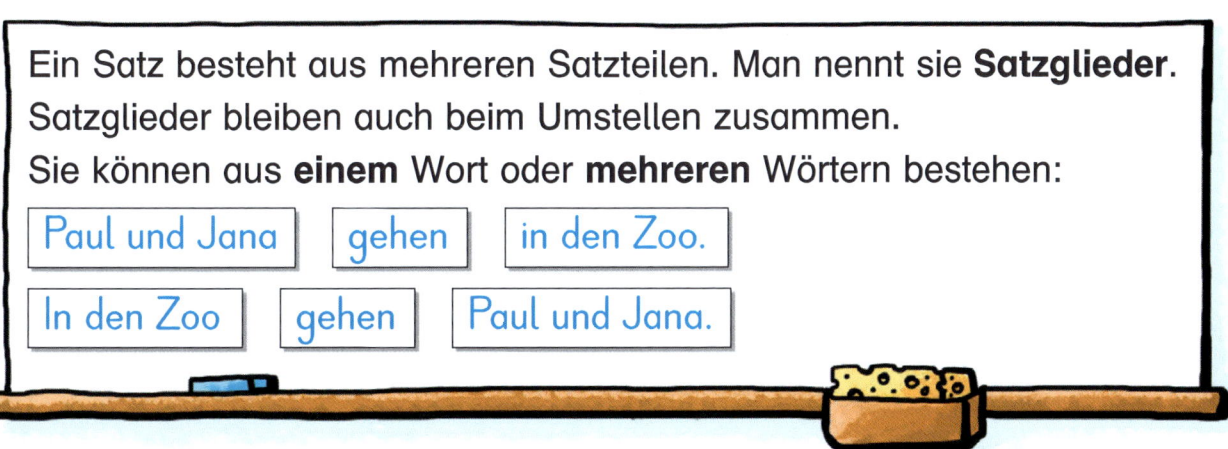

Ein Satz besteht aus mehreren Satzteilen. Man nennt sie **Satzglieder**.
Satzglieder bleiben auch beim Umstellen zusammen.
Sie können aus **einem** Wort oder **mehreren** Wörtern bestehen:

| Paul und Jana | gehen | in den Zoo. |

| In den Zoo | gehen | Paul und Jana. |

1 Schreibe mit einem Partnerkind jeden Satz auf ein Blatt Papier.
Schneide die Satzglieder auseinander.

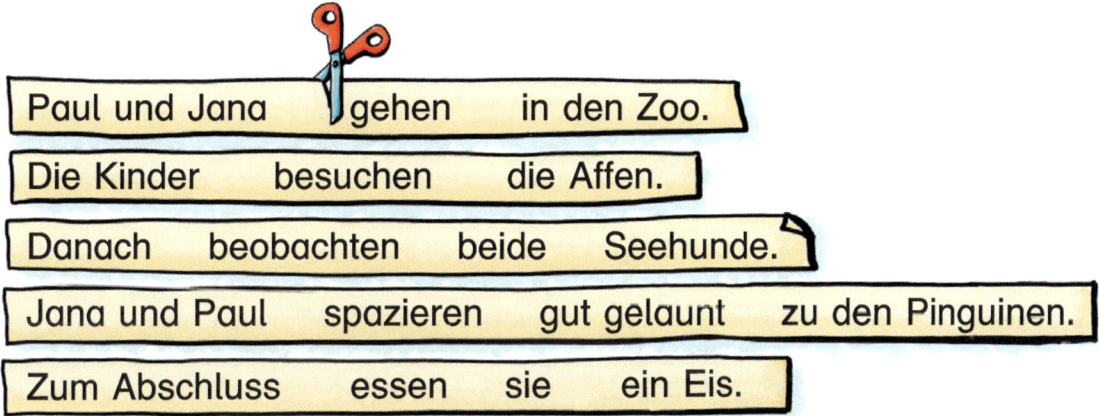

Paul und Jana   gehen   in den Zoo.

Die Kinder   besuchen   die Affen.

Danach   beobachten   beide   Seehunde.

Jana und Paul   spazieren   gut gelaunt   zu den Pinguinen.

Zum Abschluss   essen   sie   ein Eis.

2 Verschiebe mit einem Partnerkind die Teile
und bildet so viele Sätze wie möglich.

3 Suche dir einen Satz von **1** aus.
Stelle die Satzglieder um und schreibe
möglichst viele verschiedene Sätze.
Unterstreiche gleiche Satzglieder
in der gleichen Farbe.

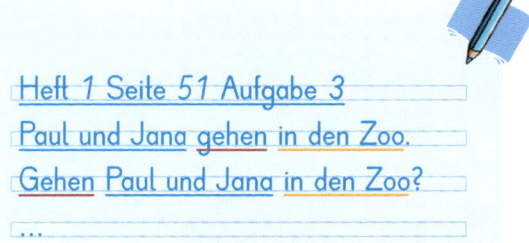

Heft 1 Seite 51 Aufgabe 3
Paul und Jana gehen in den Zoo.
Gehen Paul und Jana in den Zoo?
...

4 Untersuche mit einem Partnerkind, wo das Verb
im Fragesatz und in Aussagesätzen steht:
Bildet Aussagesätze und stellt sie zu Fragesätzen um.
Schreibt eure Erkenntnisse auf.

8 Das Prädikat kennen lernen

Jeder Satz hat ein **Prädikat.** Das Prädikat besteht immer aus mindestens einem Verb.

Dieses Satzglied sagt aus, **was jemand tut** oder **was geschieht**.

Was tut Leonie? Leonie **singt**.

Was geschieht heute Mittag? Es **donnert**.

1 Stelle fest, was jemand tut.
Schreibe mindestens vier sinnvolle Sätze.
Unterstreiche das Prädikat <u>rot</u>.

Heft 1 Seite 52 Aufgabe 1
Der Brieftäger bringt die Post.
...

Der Brieftäger	füttert die Schweine.
Der Polizist	gießt die Pflanzen.
Die Ärztin	jagt Verbrecher.
Der Bauer	kehrt die Schornsteine.
Der Gärtner	bringt die Post.
Die Schornsteinfegerin	fliegt ein Flugzeug.
Der Elektriker	verbindet die Wunde.
Die Pilotin	verlegt Leitungen.

2 Bilde zwei Sätze, bei denen du das Prädikat an den Anfang setzt.
Schreibe auf, was dabei geschieht.

Heft 1 Seite 52 Aufgabe 2
Verlegt der Elektriker ...
...

 3 Suche dir ein Partnerkind.
Vergleicht eure Ergebnisse von **1** und **2**.

 4 Tauscht euch in der Gruppe aus, wie ihr das Prädikat im Satz findet.
Schreibt eure Erkenntnisse auf.

8 Das Subjekt erkennen

Ein Aussagesatz besteht immer aus mindestens einem Prädikat und einem Subjekt.
Der Hund bellt. Leonie singt.
Das Subjekt erweitert das Prädikat.
Es erklärt **Wer?** oder **Was?** etwas tut.
bellt. **Wer** oder **was** bellt? Der Hund bellt.
singt. **Wer** singt? Leonie singt.
Das Subjekt ist ein Satzglied.

1 Erweitere die Prädikate mit der Frage „Wer?".
Bilde Aussagesätze und schreibe sie auf.

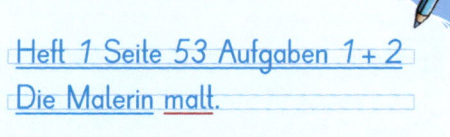
Heft 1 Seite 53 Aufgaben 1 + 2
Die Malerin malt.
...

malt		Sängerin
kocht		Zauberer
singt	Wer?	Koch
zaubert		Malerin
tanzt		Tänzer

2 Unterstreiche in **1** das Prädikat <u>rot</u> und das Subjekt <u>blau</u>.

3 Schreibe zu jedem Satz das Fragewort
mit Prädikat und das Subjekt auf.

Heft 1 Seite 53 Aufgabe 3
Wer geht? Stefan geht.

Stefan geht mit seiner Klasse zur Polizei.
Der Bus bringt die Kinder zum Revier in die Innenstadt.
Am Empfang begrüßt sie eine Polizistin freundlich.
Sie öffnet die gesicherte Eingangstür. Der Polizeihauptmeister
erzählt von seiner Arbeit. Er zeigt der Klasse ein Polizeiauto.
Die Sirene heult laut. Alle Kinder erschrecken.

8. Subjekt und Prädikat im Satz verwenden

In manchen Sätzen fordert das Prädikat neben dem Subjekt weitere Satzglieder:

Lisa berührt. Wen oder was berührt Lisa? Lisa berührt eine Blüte.
Tim schlägt. Wen oder was schlägt Tim? Tim schlägt eine Trommel.

 1 Suche dir andere Kinder. Überlegt gemeinsam, welche Sätze vollständig sind und welche eine Satzergänzung benötigen.

| Sophie lacht. | Christos gibt. | Xenia wünscht sich. | Carlos singt. |

2 Bilde mindestens vier Sätze. Schreibe sie auf. Unterstreiche Subjekt und Prädikat.

Heft 1 Seite 54 Aufgabe 2
Pia und Lukas rennen um die Wette.
...

Pia und Lukas	spielt	mit dem Ball.
	klettert	um die Wette.
Sie	hüpfen	mit Lina und Nick.
	werfen	auf dem Trampolin.
	rennen	an der Sprossenwand.

3 Schreibe die Spielbeschreibung ins Heft. Unterstreiche in jedem Satz das Subjekt und das Prädikat in verschiedenen Farben.

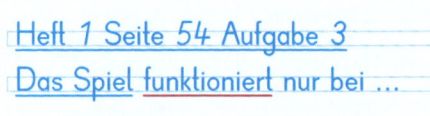

Heft 1 Seite 54 Aufgabe 3
Das Spiel funktioniert nur bei ...
...

Das Spiel funktioniert nur bei Sonnenwetter. Ein Kind fängt. Der Fänger berührt den Schatten eines Mitspielers mit dem Fuß. Dieser Mitspieler scheidet aus. Dieses Fang-Spiel spielen viele Kinder in der Pause.

8 Subjekt und Prädikat erkennen

1 Lies die (Quatsch-)Geschichte.
Entscheide dich bei jedem Satz immer für
eine Möglichkeit und schreibe die Sätze auf.
Unterstreiche Subjekt und Prädikat
in verschiedenen Farben.

Heft 1 Seite 55 Aufgabe 1
Vor langer, langer Zeit lebte einmal
ein König. ...

Vor langer, langer Zeit lebte einmal

| ein Bauer | ein Prinz | ein König | .

Eines Tages

| fand er | stahl er |

| einen Schatz | einen Stein | einen Ring | .

Die

| schöne Prinzessin | alte Hexe | Zauberin |

| lachte | schimpfte | weinte sehr | .

Sie wollte ihn nicht

| heiraten | verzaubern | küssen | .

Da packte er alles

| in eine Kiste | in eine Tüte | in eine Kutsche | .

Er

| fuhr | verschwand | rannte |

| in den Wald | auf einen Berg | in eine Höhle | .

Und wenn er nicht gestorben ist, dann lebt er da noch immer.

 **2** Schreibe selbst eine Geschichte und
tausche sie mit einem Partnerkind aus.
Unterstreiche Subjekt und Prädikat.

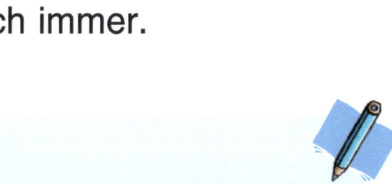
Heft 1 Seite 55 Aufgabe 2
Es lebte einmal eine Prinzessin. ...

Einsterns Schwester 3

Grundschule Bayern

Themenheft 1
Sprachgebrauch und Sprache
untersuchen und reflektieren

Herausgegeben von: Roland Bauer, Jutta Maurach

Erarbeitet von: Andrea Koch, Schrobenhausen

Auf der Grundlage
der Ausgabe von: Annette Rothfuß

Unter Beratung von: Enno Hörsgen, Langerringen;
Dr. Klaus Metzger, Gersthofen;
Dr. Helga Rolletschek, Brunnthal;
Prof. Dr. Angelika Speck-Hamdan, München

Unter Begutachtung von: Sandra Kroll-Gabriel, Ingolstadt

Redaktion: Anemone Fesl, Christine M. Kaiser

Illustration: Yo Rühmer, Frankfurt am Main

Umschlaggestaltung: Cornelia Gründer, agentur corngreen, Leipzig

Layout und
technische Umsetzung: lernsatz.de

Text-/Bildquellen:
43 © Redaktion
49 Opel-Götz, Susann: Ab heute sind wir cool. Verlag Friedrich Oetinger, Hamburg 2007.

www.cornelsen.de

1. Auflage, 12. Druck 2025

Alle Drucke dieser Auflage sind inhaltlich unverändert
und können im Unterricht nebeneinander verwendet werden.

© 2015 Cornelsen Schulverlage GmbH, Berlin
© 2019 Cornelsen Verlag GmbH, Mecklenburgische Str. 53, 14197 Berlin, E-Mail: service@cornelsen.de

Druck: Cornelsen Verlagskontor, Bielefeld

ISBN 978-3-06-083597-3 (Schülerbuch)
ISBN 978-3-06-081795-5 (E-Book)

Dieses Heft ist Bestandteil des Pakets „Einsterns Schwester 3" (ISBN 978-3-06-083537-9) und kann auch einzeln bestellt werden.

Inhalt wurde auf säurefreiem Papier aus nachhaltiger Forstwirtschaft gedruckt.